MARIELA M.

MEDITACIÓN PARA NIÑOS

ILUSTRACIONES: ANDRÉS GALLELLI

MEDITACIÓN PARA NIÑOS
es editado por
EDICIONES LEA S.A.
Av. Dorrego 330 C1414CJQ
Ciudad de Buenos Aires, Argentina.
E–mail: info@edicioneslea.com
Web: www.edicioneslea.com

ISBN 978-987-718-748-9

Esta edición se terminó de imprimir en
Julio de 2022 en 4 colores S.A. Buenos Aires, Argentina

Maleh, Mariela
  Meditación para niños / Mariela Maleh ; ilustrado por Andrés Gallelli. -
1a ed. - Ciudad Autónoma de Buenos Aires : Ediciones Lea, 2022.
  64 p. : il. ; 24 x 17 cm. - (Conocernos)

  ISBN 978-987-718-748-9

  1. Meditación. 2. Libro para Niños. 3. Yoga. I. Gallelli, Andrés, ilus. II.
  Título.
  CDD 158.128

Dedico este libro a:

Maia Darsin, mi hija mayor,
por permitirme entrar en su vida y en su corazón.

Tobías Darsin,
por enseñarme cada día a ser su mamá.

Mateo Obadía Darsin, mi hijo menor,
por su amor infinito y por tomarme
la mano para descubrir juntos el maravilloso
mundo de la meditación.

Gastón Darsin,
por ser mi compañero incondicional
y animarse a construir juntos esta gran familia.

Índice

Cuando llevamos tiempo fuera de nuestro hogar, anhelamos regresar porque en él nos sentimos tranquilos, relajados, en paz, sentimos que somos libres de ser nosotros mismos.

Cada uno de nosotros tiene en su interior su verdadero hogar y a ese lugar intentamos regresar cuando meditamos con niños.

Tích Nhất Hạnh

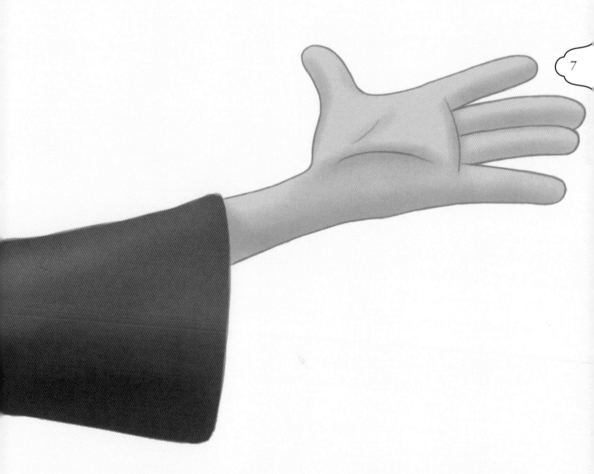

Prólogo

Es un honor para mí tener la oportunidad de escribir este prólogo. A través de él, tengo la posibilidad de apoyar a una querida alumna, Mariela, en esta bella tarea de llevar el yoga y la meditación a los niños.

Nunca me atreví a dar yoga para niños, solo con mis sobrinos cada tanto; me parece una tarea dificilísima, como devolverles a los niños eso que nos es natural, aquello que ya somos.

Mariela sin duda tiene ese don, desde varios aspectos, sobre todo desde su entusiasmo y compromiso. Fue alumna de la escuela que dirijo y pude seguir en parte su crecimiento, su desarrollo y entusiasmo, y eso me permite afirmar que es una gran profesora.

En esta época que estamos transitando, donde todo es tan vertiginoso, en medio de tantas redes sociales y tanta tecnología, es fundamental acercar el yoga y la meditación a los niños, invitarlos a cerrar sus ojitos y guiarlos a un viaje hacia adentro, donde se abren millones de formas de estar en la vida. Es una oportunidad que todos los niños deben tener, es un derecho fundamental en esta vida.

La interiorización conlleva el desarrollo de la creatividad, de la calma, de la confianza, de la alegría, de la amorosidad, de la entrega, de la escucha, de la paciencia, y podría seguir enumerando los valores que se asimilan. Cada práctica es como sembrar y regar una semilla.

Crear en los niños el hábito de sentarse en silencio o de simplemente cerrar cada tanto los ojitos, es la base de la posibilidad de generar Paz en el mundo. Si desde pequeños empiezan a buscar adentro, podrán desarrollarse en un entorno de amabilidad y confianza. Qué maravilloso sería.

Es por esto, sin duda, una bella e importante tarea la que realiza Maru en cada libro y en cada clase, porque lleva así un mensaje de Paz.

Verónica Belloli
Directora de Escuela Yoga

Introducción

Como seres humanos, estamos acostumbrados a hacer algo siempre. Sin embargo, para no hacer nada necesitamos entrenamiento. Pareciera que si no hacemos algo no lo soportamos, de modo que sentarse y no hacer nada es todo un arte, el Arte de la Meditación.

Meditar es una manera especial de entrar en contacto con nosotros mismos, de viajar a nuestro interior.

Cuando meditamos estamos plenamente presentes, uniendo nuestro cuerpo, mente y corazón. Puede parecer una tarea fácil y que debería salirnos de manera natural, pero con frecuencia nos sucede que nuestro cuerpo está en un lugar, nuestra mente está en otro y nuestro corazón tiene que decidir con quién ir.

Poner atención a nuestra respiración devuelve nuestra mente a nuestro cuerpo y alivia el corazón, pero esta actividad tan esencial y vital se nos vuelve todo un desafío cuando intentamos llevarla a cabo.

Cuando la mente, el cuerpo y el corazón se integran, podemos habitar el momento presente. Estar en el momento presente significa estar atento a lo que está sucediendo en este instante, aquí y ahora. Pero, en general, el cuerpo se queda en el pasado, con alguna sensación que sintió, y la mente suele irse hacia el futuro, a planificarlo, a pensar acerca de lo que va a hacer.

Cuando prestamos atención a la respiración, comenzamos a integrar el pasado y el futuro en este instante, en el presente.

Cuando meditamos, queremos cultivar la tranquilidad, la calma, porque en calma podemos ver las cosas como realmente son y dar lo mejor de nosotros mismos. Cuando conquistamos la calma, también nuestras emociones encuentran equilibrio.

Meditar es estar atentos, despiertos, conscientes, con una atención plena en lo que está sucediendo en ese momento.

La meditación nos enseña a estar con nosotros mismos. Cuando meditamos, habitamos el silencio, aquietándonos, sabiendo que el silencio es una puerta para conectarnos con la tranquilidad que hay en nosotros.

Es posible enseñar a los niños pequeños a estar atentos: si nosotros prestamos mucha atención y nos concentramos en algo, los niños nos imitarán y centrarán también su atención en ese objeto.

Si nuestros niños nos ven meditar, probablemente ellos también lo harán naturalmente, en algún momento de la vida, cuando vayan creciendo.

Para ellos, estar presentes es más sencillo que para nosotros; no piensan en el pasado ni en el futuro, como los adultos, sino que viven espontáneamente el momento actual.

Podemos ayudarlos tomando sus manos entre las nuestras y orientando su atención al contacto entre ellas, invitándolos a disfrutar simplemente observándolas.

¿Qué es lo mejor que podemos enseñarles a nuestros niños? Sin duda, lo mejor que le podemos enseñar a los niños son los recursos internos necesarios para ser felices. Y de aquí surge una pregunta: ¿Se puede ser feliz si no conectamos con nosotros, con nuestro interior?

Solo en ese contacto con nosotros mismos podemos decidir qué queremos y qué nos hace bien. Es en ese contacto donde podemos tomar auténticas decisiones en la vida.

Los beneficios de la meditación

A veces el mundo puede ser un lugar ruidoso, sentimos que corremos y corremos todo el día y que no podemos ir más despacio, ni siquiera cuando estamos quietos.

Es difícil que estemos tranquilos cuando nos enojamos, o que dejemos de sentir frustración cuando las cosas no salen como queremos.

Por eso, es importante tener un lugar pacífico adentro nuestro. Para construirlo, es bueno meditar, tomarnos un tiempo para conectar, encontrar un lugar tranquilo y sólo respirar. Así, podremos encontrar la calma para poder Ser quienes somos.

Si todos pudiéramos meditar, viviríamos en un Mundo Pacífico.

¿Cómo es un mundo pacífico? En un mundo pacífico podés pedir perdón cuando te equivocás, podés ayudar a otros, contar cuáles son tus sentimientos, cuidar a tus amigos, cuidarte a vos, hablar con amor, regalar sonrisas.

Podés construir un mundo pacífico adentro tuyo, tratarte con cariño, sonreírte, tener un corazón feliz. Esto te va a ayudar a enfrentar mejor las dificultades que aparezcan afuera.

Cuando meditamos, estamos presentes, atentos, vivimos el día a día bien despiertos. ¿Cuántas cosas en nuestra vida suceden sin que las hayamos podido decidir con plena conciencia? ¿Cuántos adultos hicieron aquello que se esperaba de ellos sin poder elegir plenamente?

Un niño que medita será un adulto que elija cada paso con plena certeza. Cuando enseñamos a los niños a meditar, abrimos un camino hacia la felicidad, porque al elegir aquello que realmente nos pide el corazón la plenitud es inmensa.

Cuando meditamos, observamos cada pensamiento que aparece por la mente, no buscamos poner la mente en blanco, sino conocer cómo pensamos, reconocer cada uno de nuestros pensamientos y tratar de que no aparezcan todos juntos, alborotados, sino que puedan ordenarse y aparecer uno a uno.

¿A qué edad podemos enseñarles a los niños a meditar?
En mi hogar la meditación es algo que sucede naturalmente, tal vez porque mis hijos me observaron varias veces y la fueron descubriendo por ellos mismos, así como también fueron explorándola en sus clases de yoga.

Cuando mi hijo menor era bebé y lloraba, yo lo calmaba cantando un mantra: recitando el OM. Hoy en día, cuando mis hijos no pueden dormir, se sientan y meditan juntos.

Como maestros y padres podemos crear las condiciones necesarias para que la mediación suceda: podemos poner música tranquila, luz tenue, tal vez algún aroma, pero cada persona tiene que explorar la meditación por sí misma.

¿Cómo se aprende a meditar? Meditando. Los niños meditan de manera natural, casi espontáneamente, porque en ellos no interviene el prejuicio, la mente que juzga, simplemente prueban y descubren sus efectos en la práctica misma.

No hay una edad para aprender a meditar, siempre es un buen momento, pero cuando descubrimos esta práctica sabemos que podemos contar con ella cada vez que la necesitamos. La meditación es un recurso enorme que pueden tener los niños para sortear cualquier dificultad que tengan en la vida.

En mi experiencia, cuando los niños descubren la meditación y los beneficios que sienten con ella, no la abandonan, continúan practicándola una y otra vez.

Un niño que medita adquiere el hábito de detenerse y observar cada pensamiento que aparece en su mente. Un niño que medita aprende a conocerse, se vuelve sabio respecto de sí mismo.

Un niño que medita es un ser pacífico.

Cuando medito me encuentro con la tranquilidad que habita en mí. Un niño que conecta con la calma, con la tranquilidad, descubre que lo mejor de él sale a la luz en esos momentos. Un niño que cultiva la paz en su interior la buscará afuera, en su entorno, y descubrirá que el mundo también puede ser un lugar pacífico.

Un niño que medita conecta con su sabiduría.

Los adultos a veces recorremos un largo camino hasta descubrir que somos únicos y que contamos con una gran sabiduría en nuestro interior. Sin embargo, un niño que medita aprende a entrar en contacto con su esencia, con quien verdaderamente es y así descubre al ser sabio que vive en él.

Cuando el cuerpo está tranquilo, la menta está enfocada.

Nos pasa que vivimos muy apurados, nuestra agenda está completa y corremos de acá para allá para llegar... pero, ¿a dónde? Tal vez a ningún lugar. Los niños tienen otro tiempo, lo más importante para ellos es aquello que está sucediendo en este momento. Este es uno de los motivos por los cuales acercamos tanto la meditación como el yoga a los niños: para que puedan continuar habitando el momento presente, establecerse en su esencia y así conquistar la tranquilidad y la calma.

Diferentes maneras de meditar

Muchas personas me preguntan cómo hacer para meditar. Muchas otras creen que la meditación es sólo accesible para los seres iluminados.

La meditación sucede cuando nos concentramos un período prolongado de tiempo, cuando estamos muy concentrados en lo que estamos haciendo. Todos meditamos en algún momento del día y casi sin darnos cuenta.

Tenemos muchas opciones para meditar, sentarnos con las piernas cruzadas y las manos en el corazón es una de ellas, pero ¡hay muchas más!

Por ejemplo:

⇛ Observar una vela encendida, mirar atentamente el fuego, su movimiento, su color.

⇛ Observar el paisaje, la naturaleza, su perfecto equilibrio.

⇛ Cantar mantras, repitiendo frases cortas, una y otra vez.

⇛ Cantar canciones que te gustan, prestando atención al canto.

⇛ Bailar. Cuando bailamos el cuerpo se entrega a la música y se mueve con ella.

⇛ Tejer. Cuando tejemos enfocamos la atención en cada punto, en la trama.

⇛ Pintar mandalas, observando el centro, haciendo foco en él para después expandir nuestra mirada en el dibujo circular.

⇛ Caminar, estando atentos a cada paso que damos, observando todo lo que vamos viendo alrededor, estando presentes y atentos a nuestro andar.

Otra forma de acercarse a la meditación puede ser practicando yoga. El yoga nos puede ayudar a meditar porque su práctica nos permite relajar el cuerpo y la mente, descubrir que el cuerpo puede estar tranquilo y así la mente puede descansar, concentrar y enfocar.

¿Qué dice la ciencia acerca de la meditación?

Distintas investigaciones han intentado indagar sobre qué sucede en el cerebro durante la meditación y qué transformaciones le produce esta práctica. De entre las diferentes formas de meditación, la ciencia eligió investigar los efectos y beneficios del llamado *mindfulness*. Se descubrieron muchos, dentro de los cuales se encontraron la reducción del estrés y el alivio de los síntomas de ansiedad y depresión.

El *mindfulness* puede traducirse como "atención plena" e invita a las personas que lo practican a desarrollar su capacidad de vivir plenamente atentas, conscientes y presentes en cada momento de sus vidas, sin emitir juicio ante cada situación que acontece.

Facundo Manes, neurólogo argentino muy reconocido en estos tiempos, afirma que meditar nos permite observar nuestros propios pensamientos, sentimientos y sensaciones corporales.

Las ondas cerebrales

El cerebro es el encargado de controlar el habla, la inteligencia, la memoria, las emociones y de procesar la información que recibe de los diferentes sentidos.

Dentro del cerebro tenemos neuronas que se comunican entre sí, a través de diferentes impulsos eléctricos, que se llaman ondas cerebrales. Estas ondas tienen diferentes frecuencias, algunas son más rápidas y otras son más lentas.

Ondas Beta

En las ondas beta la actividad neuronal es intensa. Están relacionadas con acciones que requieren permanecer en un cierto estado de alerta, donde prestamos mucha atención, por ejemplo, cuando damos un discurso frente a muchas personas, rendimos un examen, etcétera.

Las ondas beta son las ondas más rápidas, y las más comunes para nuestro estado cotidiano de consciencia. Son producidas por nuestro pensamiento habitual, por nuestros procesos cognitivos conscientes.

Ondas Alfa

Las ondas alfa son las se activan primero cuando meditamos. Al hacerlo, calman el sistema nervioso autónomo, disminuyen la presión arterial y el ritmo cardíaco, reducen las hormonas del estrés, apaciguando la mente y promoviendo la relajación.

Gracias a esto, sentimos más tranquilidad, a la vez que alcanzamos el estado más creativo de la mente. También entramos en estado alfa cuando hacemos actividades que nos gustan, practicamos un hobby o comemos chocolate.

Las ondas alfa representan nuestra consciencia relajada y desapegada de los procesos cognitivos habituales, es como el estado de la mente cuando soñamos despiertos.

Hemisferio derecho – Hemisferio izquierdo

Nuestro cerebro está formado por dos hemisferios, cada uno de los cuales tiene funciones específicas.

Mientras el hemisferio derecho se encarga de dar una visión global de las cosas y gobierna la reflexión (controla la imaginación, la creatividad y la intuición), el hemisferio izquierdo se centra en los detalles y es responsable de la razón, de la lógica (incluye el lenguaje y el cúmulo del conocimiento).

El hemisferio derecho es el que guarda relación con la expresión no verbal; piensa y recuerda a través de imágenes.

En él se encuentran la orientación espacial, la percepción, la potestad para captar y expresar las emociones (conducta emocional), entre otras cosas.

El hemisferio izquierdo del cerebro suele describirse como el más hábil para los idiomas, la lógica, el pensamiento crítico, los números y el razonamiento. Es el racional e intelectual, es el hemisferio que se especializa en el procesamiento de la información verbal y numérica de una manera deductiva o lógica.

El hemisferio izquierdo es más analítico, el derecho, más integrador.

Entonces, en resumen...

Hemisferio derecho

➠ Intuición

➠ Imaginación

➠ Sentido artístico

➠ Sentido musical

➠ Control de la parte izquierda del cuerpo

Hemisferio izquierdo

⇒ Razonamiento

⇒ Lenguaje hablado y escrito

⇒ Habilidad científica

⇒ Habilidad numérica

⇒ Control de la parte derecha del cuerpo

La meditación activa el hemisferio derecho del cerebro. La ciencia demuestra que, al meditar, despertamos y estimulamos la creatividad.

Beneficios de la meditación según la neurociencia

Actualmente, la neurociencia ha demostrado de forma empírica los efectos beneficiosos que tiene la meditación sobre la salud física y mental:

⇒ Puede mejorar la capacidad de aprendizaje, de memorización y de razonamiento

⇒ Permite adquirir una mayor densidad de materia gris en las partes del cerebro asociadas con la memoria, el sentido del yo, la empatía y la reducción del estrés

⇒ Produce cambios en áreas del cerebro responsables de la creatividad y del comportamiento de las personas

⇒ Mejora la atención, aumenta la memoria y el discernimiento

⇒ Mejora la cognición y aumenta la capacidad de realizar tareas con un mayor enfoque

⇒ Tranquiliza el sistema nervioso central

⇒ Disminuye el estrés

Ejercicios antes de meditar

La jarra mental

Para este ejercicio vas a necesitar tener cerca una jarra, brillantina (o sal con colorante), agua y una cuchara larga para revolver.

Sentate en el piso, sobre un almohadón, imaginando que sobre tu cabeza hay una corona y hay que evitar que se caiga. De esa forma, vas a poder mantener la espalda derecha y el corazón abierto, disponible.

Ahora, tomá la jarra, llenala con agua y observala con atención. Vas a ver que el agua está tranquila, en calma, limpia, clara… Agregale brillantina (o sal con colorante) y fijate qué pasa. Imaginá que cada grano es uno de tus pensamientos… ¡tenés un montón! Algunos son alegres, otros son tristes, algunos quizás te dan muchos nervios; otros, mucha alegría; otros te enojan; otros son deseos que quizás te den un poco de ansiedad... Mezclá el agua y volvé a mirar. Así se pone tu mente cuando te apurás o cuando hay mucho ruido.

De a poco, al dejar de moverla, el agua se va a ir calmando... Lo mismo pasa con tu mente al meditar: los pensamientos se calman y van desapareciendo, al igual que la brillantina o la sal, que van bajando al fondo de la jarra.

Como le sucede al agua, tu mente también volverá a estar calma y limpia. Eso te permite actuar pacíficamente, porque podés pensar con claridad.

Este ejercicio puede utilizarse como preparación, pero también es en sí mismo una meditación. Por ello, se puede emplear a manera de juego, para ir introduciéndose poco a poco en esta práctica.

Es muy útil también para aquietar los pensamientos. La mente suele estar llena de ellos; aparecen continuamente y en forma desordenada, por eso suele quedar atrapada. Cuando meditamos, esos pensamientos se aquietan, se ordenan, otorgándonos sensación de alivio y tranquilidad.

Esta es una adaptación de la Peaceful Piggy Meditation.

Caja de las preocupaciones

Esta es otra actividad interesante para hacer antes de meditar y también es útil para esas noches en las que cuesta dormir.

Vas a armar una caja, puede ser de cartón o de madera y la vas a decorar como más te guste. Cuando esté lista, la vas a ubicar en un lugar donde puedas verla y tal vez tenerla cerca para compartirla con quien quieras.

Ahora, pensá tres preocupaciones que tengas en este momento y escribilas en una hoja. Luego doblala y guardala en esa caja.

Las preocupaciones son pensamientos que vienen a tu mente. Pero, ¿qué se puede hacer con esos pensamientos? Se los puede observar. Eso te va a ayudar a entender que vos no sos esos pensamientos. Además, pueden tenderte una trampa, porque ellos no siempre dicen la verdad. Y eso solo es posible descubrirlo si se los observa con atención.

Con los ojos cerrados, respirá profundo, sabiendo que esos pensamientos que escribiste ya no ocupan un lugar en tu mente, porque los retiraste de allí y los guardaste en tu caja. Tu mente ahora está liberada.

Así como a veces escuchás esas voces que vienen de tu cabeza, de tu mente (los pensamientos), a veces podés escuchar otras voces, las que salen del corazón (los sentimientos).

> Un niño que medita aprende a conocerse. Cuando un niño medita, adquiere el hábito de detenerse y observar. De este modo, puede descubrir cómo se siente, qué le está pasando, cómo está pensando. Un niño que medita conoce su esencia.

Meditaciones para niños

Meditación de los cuatro elementos

Se deberá repartir una hoja a cada participante. Luego, se indicará:

Doblá tu hoja en cuatro. Ahora, volvé a abrirla. Vas a ver cuatro casilleros. En uno de ellos, dibujá una flor; en otro, una montaña; en el siguiente, agua, y en el último, un pájaro. Cuando hayas terminado, recostate y colocá la hoja sobre tu cuerpo, a la altura del corazón.

Ahora cerrá los ojos y respirá profundo, conectándote con esa flor que dibujaste, tu flor, esa que habita en tu interior. Comenzá de apoco a sentir esas cualidades que tienen las flores: la frescura, la belleza, la alegría...

Volvé a respirar lento y profundo y esta vez conectá con la montaña que dibujaste, sintiendo su firmeza, su solidez, su grandeza. Esta montaña es especial, porque es tu montaña, habita en tu interior...

Ahora vas a respirar despacito, para conectar con el agua que dibujaste, sintiendo sus cualidades: su armonía, su tranquilidad, su capacidad de moverse y volver a aquietarse...

Volvé a tomar una respiración profunda y conectá ahora con el pájaro, con su vuelo, con su libertad, con esa capacidad de llegar lejos para lograr sus sueños...

Finalmente, respirá profundo y sentí cómo todo se integra en vos. Tomate un tiempo para desperezarte, como si fuera temprano a la mañana, estirando el cuerpo y moviéndote despacito, para volver a este momento y este lugar.

Meditación de la flor, para hacer en familia o en clase

Les pedimos a los niños o integrantes de la familia que cada uno dibuje una flor, o se las damos dibujada. Les pedimos que escriban sus nombres en el centro y una cualidad o algo que les guste de ellos mismos en uno de los pétalos. Luego, les indicamos que pasen el dibujo a la persona que está a su lado. Cada uno deberá anotar una característica positiva de la persona a quien pertenece la flor que recibieron. Las hojas deben seguir pasando, para que cada participante agregue una característica, hasta que la flor original vuelva a cada persona. Entonces, decimos:

Observá la flor y todas las cualidades que escribieron tus amigos o tu familia sobre vos. Guardá en tu corazón todas esas cosas lindas que hoy descubriste.

Ahora, cerrá los ojos y respirá profundo, entrando en contacto con todas esas cualidades, con todas esas cosas lindas que hoy descubriste sobre vos.

> Un niño que medita aprende a elegir con plena conciencia.

Meditación para escuchar tu voz interior

Cerrá los ojos y escuchá tu respiración en este momento. Intentá sentir cómo entra y sale el aire de tu cuerpo. Quizás detectes que algunas partes se mueven más que otras.

Respirar es como hacer un viaje hacia tu interior. A medida que lo hacés, podés ir conectando cada vez más con vos.

Cuando estés ahí, en tu mundo interno, vas a poder darte cuenta de que hay una voz que te habla y que solo vos podés escuchar. Es una voz familiar, es fácil reconocerla, porque es tu propia voz, la más profunda, la más sincera, la más auténtica, la que siempre te da los mejores consejos y te ayuda a elegir el camino correcto.

A veces, en el día a día, es difícil escucharla con claridad porque hay mucho ruido y ella precisa el silencio, tanto a tu alrededor como en tu mente, para poder comunicarse.

Realizar esta meditación es una buena idea cada vez que tengas que tomar una decisión. Las personas que escuchan su voz interior suelen tomar las mejores decisiones cada día.

Meditación del árbol

Para realizar esta meditación, podés sentarte o acostarte, también podés buscar un árbol que te guste o imaginar que estás cerca de él.

Vas a apoyar tu espalda en su tronco para descansar, de esta forma podés relajarte cada vez más.

El árbol está contento por tu compañía. Sentí esa alegría, como si él pudiera abrazarte.

Llevá tus manos a tu panza y observá cómo se mueve a medida que respirás. Cuando inhalás, la panza se infla un poco y, cuando exhalás, la panza se desinfla.

Respirá profundo e identificá cómo en ese lugar podés respirar mejor.

Mientras seguís respirando, empezás a sentir que el árbol quiere transmitirte un mensaje. Escuchalo atentamente. El árbol te dice que sos una persona única, especial... En tu próxima respiración profunda, vas a poder escuchar un mensaje más, que es solo para vos, prestá atención, abrí tus sentidos, sentí ese mensaje en tu corazón.

Guardá esta experiencia dentro tuyo , sabiendo que cada vez que lo necesites podés volver a conectar con tu árbol, él siempre tendrá mensajes importantes para darte.

Meditación para resolver problemas que me preocupan (de Natalia Masimilla)

Para realizar esta meditación, podés acostarte o sentarte. Elegí la postura que sea más cómoda para vos.

Llevá tus manos a tu panza y observá sus movimientos: cuando inhalás, la panza se expande, sube un poco y, cuando exhalás, la panza baja, se desinfla. Vas a tomar y a sacar el aire por nariz.

Ahora vas a imaginar que frente a vos hay un globo gigante. Te subís y empezás a volar en él. Pasás cerca de las nubes, podés sentir cómo el viento acaricia tu cara, sos libre. Mirá hacia abajo, todo se ve muy chiquitito: las personas, las casas, los árboles...

También podés ver así los problemas, que cuando estamos cerca parecen enormes, y cuando nos alejamos los vemos más chiquitos. Tal vez ahí encuentres la solución.

Seguí respirando por la nariz, relajando todo tu cuerpo. Ahora tu globo comienza a volar más, más y más alto, hasta llegar al espacio, allí donde viven la Luna, la Tierra, el Sol, las estrellas, los planetas, los cohetes...

Podés ver todo ese mundo mágico y maravilloso. Confiá en tu globo, que te lleva, que te sostiene.

Seguí inhalando y exhalando, conectando con tu respiración...

De repente, hay algo que no te deja ver bien. El globo sigue volando y se dirige hacia allá... y cuando llegás descubrís que son las estrellas, hay muchísimas y brillan más fuerte que el Sol. Elegí una, agarrala, mirala y cerrá tu mano, apretándola.

Ahora pedí un deseo desde lo más profundo de tu corazón, sintiendo el calor de la estrella en tu mano.

Cuando hayas terminado, abrí tu mano y soltá la estrella para devolverla al espacio, entregando ese deseo al Universo. Confiá. Creé que tu deseo ya se cumplió, que ya se hizo realidad.

Inhalá, exhalá, soltá... y ¡confiá!

Ahora, es momento de regresar de esta hermosa aventura. El globo comienza a volver acá, aquí y ahora. Mientras tanto, recordá el deseo que pediste y los lugares maravillosos y únicos que recorriste, a los que podés volver las veces que lo necesites.

Date las GRACIAS por existir, por estar aquí y ahora.

Date las GRACIAS por ser quien sos, porque sos una persona única.

Date las GRACIAS por hacer lo que hacés, por tener lo que tenés.

Date las GRACIAS porque día a día, momento a momento, hacés lo mejor para vos.

Date la oportunidad de ser feliz y avanzar. Estás donde tenés que estar.

Agradecé y sonreí, porque todo lugar es "aquí" y todo momento es "ahora".

Suavemente, y a tu tiempo, podés ir moviendo los dedos de los pies, de las manos… Escuchá a tu cuerpo.

Lentamente, vas abriendo los ojos.

Meditación de los chakras: un viaje arcoíris (de Romina Romero)

Recostate sobre el suelo, cerrá los ojos y prestá atención a tu respiración. Inhalá, tomando aire por la nariz, y sentí cómo tu panza se infla, sube. Exhalá, soltando suavemente el aire por la nariz, y sentí cómo se desinfla tu panza, baja. Con cada respiración, te relajás cada vez más.

Ahora te invito a hacer un viaje con la imaginación, hacia tu mundo interior. Juntos vamos a descubrir unos superpoderes que viven dentro tuyo y de cada ser. Son unas luces de colores brillantes, en forma de ruedas, que suben como un arcoíris por toda tu columna. Son mágicas, cuando se encienden llevan energía y luz a todo tu cuerpo.

Existe un cuento, llamado *El Principito*. Se trata de un niño sabio, que viene de otro planeta y aprende que "Lo esencial es invisible a los ojos", como lo es la respiración y como lo son, también, las luces de colores que llevamos dentro. Que sean invisibles no quiere decir que no existan. Solo significa que tenemos que prestar atención para sentirlas.

¿Sabías que todos llevamos estas luces arcoíris? A veces son muy suaves y otras veces brillan con más fuerza. ¿Las encendemos juntos?

Vas a encender primero tu luz de color **ROJO**; sube por tus pies y viaja por tus piernas. Ella te sostiene, como las raíces de los árboles. Tiene el superpoder de la tierra, te nutre, te alimenta y te cuida. Respirá en ese color rojo.

Seguí subiendo esa luz por tu cuerpo, hasta tu vientre. Detenete justo antes de llegar a tu ombligo y encendé tu segunda luz, de color NARANJA. Ella te ayuda a conectar con tus emociones. Tiene el superpoder del agua, que fluye y te ayuda a adaptarte a los cambios, a crear y a disfrutar de la vida. Respirá en ese color naranja.

Subí esa luz un poquito más y saltá por arriba de tu ombligo hasta llegar a la boca de tu estómago; ahí, encendé tu luz AMARILLA. Ella tiene el superpoder del Sol y del fuego, te da calor y fuerzas para transformar las cosas. Te ayuda a ser valiente. Respirá en ese color amarillo.

Seguí viajando hacia arriba, para encender ahora tu luz VERDE, la que vive en la naturaleza y la que habita en tu corazón. Tiene el superpoder del amor. Es como el aire, puede viajar a todos y cada uno de los seres y a cada rincón del Universo. Vas a envolverte en un gran abrazo de amor y respirar en ese color verde, que te envuelve hasta los hombros.

Ahora subí por el ascensor de tu cuello y llegá hasta tu garganta. ¡Toc, toc! Abrí la puerta y encendé tu luz AZUL. Tiene el superpoder del cielo, allí de donde salen tu voz, tus palabras, tu canto y hacen eco en los demás. Cruzá ese puente invisible para llegar hasta los otros. Respirá en ese color azul.

Y vas a subir hasta tu cabeza, a la altura de tus cejas, para encender tu última luz, la de color VIOLETA. Vas a imaginar un puntito ahí, justo entre ceja y ceja, como un tercer ojo que todo lo ve. Tiene el superpoder que aprendió el Principito, ese que permite ver las cosas invisibles, esas cosas maravillosas que nos perdemos si vamos muy apresurados y no prestamos atención. Lo esencial. Respirá en ese color violeta.

Y ahora volá por encima de tu cabeza, para encender todas tus luces juntas, formando así el **ARCOÍRIS** completo. Ese arcoíris recorre todo tu cuerpo, sube y baja, baja y sube, desde tu cabeza hasta tus pies y de tus pies hasta tu cabeza... Respirá en ese arcoíris brillante y bañate con toda su luz.

¡Ahora sí que brillás con todas tus luces de colores arcoíris!

Inhalá y exhalá. Despacio, vas regresando aquí y ahora, vas moviendo tus pies, tus manos y, suavemente, cada parte de tu cuerpo. Cuando sientas que es el momento, abrí los ojos, para encontrarnos.

Meditación para dormir
(de Natalia Franzoso)

Cerrá los ojos y comenzá a darte masajitos con la yema de tus dedos en la cara, el cuello, la cabeza, el pecho, como si fueran pisadas de hormiguita, cortitas, suaves y rápidas.

Inhalá profundo y, al exhalar, dejá las manos apoyadas en el pecho.

Vas a visualizar una luz brillante en tu pecho. Esa luz tiene el poder de protegerte, de cuidarte, de transformar lo que te preocupa en calma.

Hacé de cuenta que es una esfera de luz que podés agarrar con tus manos y usarla como linterna para apuntar hacia todo lo que quieras iluminar. Podés iluminar las preocupaciones y los miedos.

Cuando aparezca un miedo, simplemente cerrá los ojos y sentí cómo se ilumina tu pecho. Agarrá la esfera de luz y con tus manos iluminá ese miedo. Ese temor se hará más pequeño ante la luz.

Vas a ver que no es tan terrible como imaginabas. Vas a descubrir que ese miedo no es tan grande como creías.

Iluminalo cada vez que te invada y hablale con amor, para que desaparezca. Ese temor se hará cada vez más pequeño, hasta desaparecer.

Es tu poder, es tu esfera de luz que siempre está guardada en el centro de tu pecho. Recordá que siempre estás protegido por ella, hasta cuando dormís.

Podés apoyar tus manos en el pecho antes de dormir y encenderla para que ilumine todos tus sueños.

Confiá en vos y en tu luz[1].

---

1 Natalia Massimilla, Romina Romero y Natalia Franzoso son parte del equipo de profesoras de yoga para niños de la escuela *El Yoga y Vos*.

Meditación para crear tu *Sankalpa* (deseo, propósito)

Buscá un lugar tranquilo. Allí, en una postura cómoda, respirá profundo. Vas a empezar a sentir que tu cuerpo se libera de las tensiones.

Inhalando y exhalando, vas a ir conectando cada vez más con vos.

Ahora, pensá y sentí un deseo, un propósito, algo que quisieras que suceda hoy en tu vida.

Imaginá que ese deseo se hace realidad y que podés sacarle una foto. Poné esa imagen enfrente tuyo y observala atentamente, descubriendo cada detalle.

Formulá una breve oración que la describa, en forma positiva. Repetila mentalmente tres veces.

Guardá ese deseo en lo más profundo de tu corazón, para poder recordarlo todos los días, por la mañana al levantarte y por la noche al acostarte.

Dicen que cualquier cosa puede fallar en la vida, menos un *Sankalpa* pedido en una meditación.

Muy lentamente, vas a respirar profundo y vas a ir moviendo tu cuerpo de a poco para volver a este momento y a este lugar.

Meditación de la alegría

Buscá un lugar cómodo para vos y una postura en la que puedas permanecer un rato en silencio.

Inhalá y exhalá, sintiendo cómo está tu rostro en este momento, imaginando cómo es su expresión.

A veces nos enojamos y fruncimos el ceño, arrugando la frente, a veces estamos tristes y la cara se alarga o nos preocupamos por algo y nuestros ojos se abren demasiado.

Estos gestos en nuestra cara pueden instalarse por mucho tiempo y, si no nos damos cuenta, pueden quedarse ahí por horas, meses, ¡incluso años!

Ahora respirá lentamente, intentando sonreír. En este momento en el que estás sonriendo, todos los músculos de tu rostro se relajan.

Inhalá y exhalá, intentando que esa sonrisa viaje por todo tu cuerpo, llevando un mensaje de alegría y bienestar.

Ahora sabés que cuando quieras sentirte mejor podés sonreír con todo tu cuerpo y también podés regalarle una sonrisa a cada persona que querés.

Muy despacito, vas volviendo al presente con una sonrisa.

Meditación para padres y maestros

Buscá una foto de tu infancia y observala atentamente, deteniéndote en cada detalle. Contemplá cómo eran tu pelo, tus expresiones, tus ojos, tu mirada... Observándote, podés recordar esas sensaciones que tenías, aquello que te pasaba y sentías.

Mirá tu foto y entrá en contacto con lo más profundo de tu niño o niña interior, conectate con tu inocencia, con tu esencia...

De repente, podés percibir que ese niño o niña quiere decirte algo, algo que sentía, pero que en su momento no pudo, no se animó a decir. Acercate, hoy tenés la posibilidad de escuchar de qué se trata, porque conectaste con su corazón...

Respirá profundo y escuchá atentamente. Es un mensaje simple, concreto, que te libera.

Hoy descubriste en esa foto tu mirada más pura y profunda, hoy te reencontraste con una parte de vos que, de alguna forma, se integra a quien sos.

Guardá estas sensaciones en tu alma, respirá profundo...

Tu respiración te trae de regreso a este presente, a este momento único, al reencuentro de vos con vos.

Nota
para padres
y maestros

Quise sumar una meditación para nosotros, los adultos, para poder ir al encuentro de aquellos niños que fuimos. Siento que a partir de ese reencuentro podemos abrazar a todos los niños desde un lugar diferente.

Cuando tenemos la posibilidad de entrar en contacto con la meditación, descubrimos que empezamos a conocernos en profundidad.

Como adultos, la meditación es un gran desafío que intentamos conquistar cada día, para vivir tranquilos y liberarnos del estrés.

Con los años descubrí que la meditación trajo a mi vida la posibilidad de elegir conscientemente cada paso que doy, cada acción que realizo.

Acercar la meditación a los niños es darles la posibilidad, desde una temprana edad, de que puedan vivir de forma consciente y plena sus vidas, tomando las mejores decisiones para ellos mismos.

Como adultos, tenemos también la posibilidad de guiar una meditación a los niños, y en este punto me parece importante remarcar que, cuando los niños meditan, todos sus canales receptivos están abiertos, por lo cual el mensaje que demos en la meditación lo escuchará su Ser más profundo.

Siento que la meditación para niños es una asignatura pendiente en nuestras escuelas. Aunque tengo la esperanza de que muy pronto la posibilidad de conectar con la respiración, conquistar la tranquilidad, la calma y meditar tendrán un lugar en nuestra currícula.

Hasta que esto suceda, cada uno de nosotros tiene la posibilidad de acercar a los niños a este maravilloso mundo: su mundo interior, la meditación.

Bibliografía

De Saint-Exupéry, A. (2005). *El Principito*. Buenos Aires: Emecé.

MacLean, K. y Whitman, A. (2004). *Peaceful Piggy Meditation*, Winnipeg: Prairie Books.

Thich Nhat Hanh y la Comunidad de Plum Village (2015). *Plantando semillas. La práctica del mindfulness con Niños*. Barcelona: Editorial Kairós.

Manes, Facundo, "¿Qué pasa en nuestro cerebro cuando meditamos?", Diario *La Nación*, Buenos Aires, 26 de agosto de 2016.

Agradecimientos

Quiero agradecer a:

- Patricia Iacovone, por confiar en mí desde el primer día.

- Anabel Jurado, por tomarme la mano y acompañarme en esta maravillosa aventura.

- Sandra Tenaglia, mi guía, con quien sané y comprendí la vida desde otro lugar.

- Verónica Belloli, mi sabia Maestra

- Natalia Franzoso, Natalia Massimilla y Romina Romero, por su hermoso aporte y por ser parte de la gran tarea de expansión en nuestra escuela *El Yoga y Vos*.

- Cada uno de mis alumnos, por su entrega infinita. Ustedes son mi motor para seguir creciendo y creando cada día.